Par Dromgold.
Dromgoll.

REFLEXIONS
SUR UN IMPRIMÉ INTITULÉ:
LA BATAILLE DE FONTENOY.
POEME:

Dédiées à Monsieur DE VOLTAIRE, Historiographe de France.

Non ego mordaci distrinxi carmine quemquam.
Nulla venenato littera mista Joco est. Ovid. Trist. Lib. 2.

Premiere Edition, considerablement retranchée.

M. DCC. XLV.

REFLEXIONS
SUR UN IMPRIMÉ
INTITULÉ
LA BATAILLE DE FONTENOY,
POEME:

Dédiées à M. DE VOLTAIRE, Hiſtoriographe de France.

ONSIEUR,

 La réputation, dont vous jouiſſez à juſte titre dans toute l'Europe, d'un des plus grands genies que la France ait produit, vous attire cet hommage de ma part. Votre nom eſt un paſſe-port pour la poſterité; & il eſt tout naturel que j'aye cherché à décorer ce petit Ecrit d'une pareille recommandation. N'apprehendez cependant pas, que ſur le ton des peſantes Dédicaces j'aille vous endormir du recit de vos propres louanges. Accoutumé que vous êtes à diſtribuer l'encens aux Heros & aux Dieux, vous feriez peu de cas de celui que vous offriroit un inconnu.

A

Mon deſſein eſt tout différent. Après avoir été aſſez téméraire que de me déplaire à la lecture de votre dernier Poëme, j'ai conçû le ſingulier projet de vous en faire la confidence; & j'ai aſſez bonne opinion de votre droiture & de votre générofité pour être perſuadé que vous ne vous offenſerez ni de l'un ni de l'autre. Au reſte, Monſieur, ne vous en prenez qu'à vous-même ſi nous ſommes devenus ſi difficiles. Ce ſont vos Ouvrages qui nous ont gâtés. On peut bien vous appliquer ce que S. Evremond dit de Corneille. Vous êtes ſi admirable dans vos belles productions, que l'on ne vous ſouffre point ailleurs médiocre.

D'ailleurs c'eſt vous qui nous avez montré l'exemple. Vous nous avez appris dans un âge encore tendre, à citer au tribunal de la raiſon, les Ouvrages & la réputation du grand *Paſcal*. Nous n'avons pas oublié avec quelle univerſalité de talens, vous avez décidé de toute la Litterature Angloiſe dans vos *Mélanges*, & de toute celle de la France dans votre *Temple du Goût*. Nous ſcavons avec quel généreux déſintéreſſement vous avez déchiré dans ce dernier Ouvrage, *les trois quarts d'un gros Recueil d'Oeuvres poſthumes de la Fontaine*. Nous n'ignorons pas avec quelle exactitude & quelle préciſion vous avez réduit *Marot à ſept ou huit feuillets & Voiture & Sarraſin à quelques pages*. Nous nous rappellons encore avec quelle fineſſe vous avez temperé les louanges de *Rollin*, & avec quelle intrépidité vous avez avertis que, *quoique en robe on l'écoutoit, choſe aſſez rare à ſon eſpece*. Nous nous reſouvenons avec quelle grandeur d'ame, vous avez *jetté au feu Surena, Pulcherie, Ageſilas*, & avez contraint le *grand Corneille*.

Rem. ſur penſées de Paſcal.
Mélanges de Littérature & de Philoſophie.
Temple du Goût.

Temple du Goût.

A ſacrifier ſans foibleſſe
Tous ſes Enfans infortunés,
Fruits languiſſans de ſa vieilleſſe,
Trop indignes de leurs aînés.

C'eſt vous auſſi, Monſieur, qui nous avez appris à diſtinguer l'aimable *Auteur des Mondes & de l'Hiſtoire de l'Academie des Sciences*, de *l'Auteur des Lettres du Chevalier d'Her, d'une paſſion d'Automne, &c*. Permettez-moi donc de ſuivre aujourd'hui vos exemples & vos préceptes, & de mettre auſſi une grande différence entre l'Auteur de la *Henriade*, d'*Oedipe*, de *Zaire*, de *Merope*, &c. & l'Ecrivain de la *Princeſſe de Navarre* & du *Poëme de la Bataille de Fontenoy*.

Il n'y a que les grands Hommes dont les fautes méritent d'être relevées. Le vulgaire peut pécher impunément, ſes fautes ne tirent point à conſéquence. *Magis dicunt vitioſe, quam acute reprehenduntur*. Mais les défauts des grands Hommes ſont contagieux. C'eſt une maladie qui gagne. *Decipit exemplar vitiis imitabile*.

Quintil. Inſtit. lib. 5. c. 13.
8. Hor. Epiſt. lib. Ep. 19.

J'ai ſans doute à me féliciter de ce qu'en attaquant aujourd'hui un homme de votre mérite j'ai votre autorité pour le faire. Peut-être même pourrois-je dire de vous ce que vous dites de Paſcal: que *c'eſt une conſolation pour un eſprit auſſi borné que le mien, d'être bien perſuadé que les plus grands*

Rem. ſur les penſées de Paſcal.

Hommes se trompent comme le vulgaire. Mais je m'en garderai bien ; au contraire, je m'indignerai avec Horace de voir sommeiller l'Homere de nos jours, & je gémirai de ne pas rencontrer la perfection où je devois la trouver.

D'ailleurs un interêt plus fort que celui de la Poësie m'oblige à vous écrire, c'est celui de la vérité. J'ai crû remarquer dans votre Ouvrage quelques réflexions hazardées sur un peuple qu'il sembloit que vous *respectiez* autrefois, & qui trouveroit aujourd'hui en vous un adversaire redoutable. Quelque disproportioné que soit le combat où je m'engage, & à quelque contraste que je m'expose quand j'ose me mesurer avec vous, je le fais avec joye dans cette occasion. La réputation est la moindre des choses qu'un honnête homme doive risquer quand il y va de la vérité. Au reste quelques échauffés que soient les esprits par la derniere affaire, je vous fais trop d'honneur pour soupçonner seulement que cela doive vous mettre de mauvaise humeur. Je vous repeterai en tout cas vos propres paroles & je dirai, *qu'il seroit absurde & cruel de faire une affaire de parti de quelques réflexions innocentes. On n'a d'autre parti que la vérité.* Rem. sur les pensées de Pascal.

Je m'adresserai donc d'abord à l'*Apollon du Parnasse François*, au digne successeur de Racine & de Corneille, & je me plaindrai à lui de lui-même. Je parlerai ensuite à l'Auteur de l'Histoire de Charle XII. de l'Essai sur le siecle de Louis XIV, enfin à l'*Historiographe de France* ; c'est-à-dire, à celui à qui son Roi a confié une plume d'or pour enregistrer ses propres exploits & pour rendre justice même à ses ennemis. *Ne quid falsi dicere audeat, ne quid veri non audeat.* Ciceron.

PLUS je considere votre Poëme, & plus je me confirme dans ma premiere idée. Tout de bon, seroit-ce une gageure ? & de même que l'Orphée d'aujourd'hui s'est vanté, dit-on, de mettre en musique la Gazette ; auriez-vous entrepris de la rimer ? cela seroit un plaisant Opera. A quel propos, en effet, entasser cinquante-sept noms dans un Poëme de deux cens Vers. J'approuve le généreux dessein que vous avez *d'arracher à l'oubli les ombres vertueuses de nos Héros, & de faire revivre leurs Exploits dans vos Chants.* Mais en verité la chose est-elle possible dans le détail ? n'est-il pas à craindre que l'oubli de quelques-uns ne fasse plus de mécontens, que cet éloge universel ne pourroit faire d'amis ? De-là ces fréquentes éditions & ces notes multipliées. Dans votre Poëme les rangs sont plus pressés qu'ils n'étoient à *Fontenoy*. Tel Lieutenant Général est obligé de se serrer dans son Vers, & n'occupe pas quelquefois son quart d'Hemistiche, tandis que tel autre a les coudées franches, & se met à son aise aux dépens de ses voisins. En verité, Monsieur, pour un Courtisan, vous n'y pensez pas, cette prédilection pourroit faire jaser.

Vous ne vous attendez pas, sans doute, que je fasse l'analyse de votre Poëme, & que j'y cherche un ordre & une méthode que vous avouez vous-même (*a*) n'y avoit pas mis. Ne craignez pas non plus que j'aille passer en revûe tous vos Vers, en éplucher chaque syllabe, & peser des mots dans ma balance; je ne parlerai ni de quelques tours prosaïques que l'on y remarque, ni de quelques inversions trop dures, ni même de quelques fautes de langues qui vous sont échappées. Je sçais trop d'après vous- *Temple du Goût.* qu'il est des défauts heureux qu'on doit aimer.

Je suis charmé en commençant, d'avoir à vous remercier de la part de toute la France, du portrait avantageux que vous faites de Monsieur de Saxe. Je ne trouve rien de plus grand, qu'un grand homme,

> Qui touchant à l'infernale rive,
> Rappelle pour son Roi son ame fugitive,
> Et qui demande à Mars, dont il a la valeur,
> De vivre encore un jour & de mourir vainqueur.

Mais qu'entendez-vous par ce fier Saxon qu'on croit né parmi vous? N'est-ce pas, que quoique M. le Maréchal de Saxe soit Saxon, il n'y paroît pas, & qu'il a tout-à-fait *cet air François*, *sans lequel*, comme dit le Marquis du François à Londres, *un homme est à jetter par les fenêtres?* En verité, je ne connois rien au-delà que le bon mot de ce Gascon, de joyeuse mémoire, qui à Londres dans un bal, *trouvoit que Charles second ne dansoit pas mal pour un Etranger.*

D'ailleurs, pourquoi ce grand Général disparoit-il tout d'un coup dans votre Poëme? J'aurois voulu qu'il en eût été l'ame, comme il l'a été de toute cette grande action. J'aurois voulu le voir courir dans tous les rangs.

Henriade. Liv. 2.
> Sur un Coursier fougueux plus léger que les vents,
> Qui fier de son fardeau, du pied frappant la terre,
> Appelle les dangers & respire la Guerre.

Et n'appréhendez pas, Monsieur, que la gloire de notre grand Monarque en eût souffert. Semblable à celle du Soleil, elle se communique aux autres Astres, sans s'épuiser. Le Très-haut ne se repose-t'il pas sur ses Ministres du soin de sa vengeance? Ecoûtez ce que dit M. Flechier, dans une pareille occasion, en parlant d'un autre Louis, & d'un autre Maréchal de Saxe. C'est M. de Turenne.

Flechier, orais. funeb. Turenne.
» Pour récompenser tant de vertus par quelque honneur extraordi-
» naire, il falloit trouver un grand Roi, qui crut ignorer quelque chose,
» & qui fut capable de l'avouer. Loin d'ici ces flatteuses maximes, que
» les Rois naissent habiles & que les autres le deviennent; que leurs
» ames privilégiées sortent des mains de Dieu, qui les crée, toutes sa-
» ges & intelligentes; qu'il n'y a point pour eux d'essai ni d'apprentissa-
» ge; qu'ils sont vertueux sans travail, & prudens sans expérience. Nous
» vivons sous un Prince, qui tout grand & tout éclairé qu'il est, a bien

(*a*) *Monsieur de Voltaire dit qu'il n'a composé qu'à mesure que les Listes lui venoient.*

» voulu s'inſtruire pour commander ; qui dans la route de la gloire a
» ſçu choiſir un guide fidéle , & qui a cru qu'il étoit de ſa ſageſſe de ſe
» ſervir de celle d'autrui. Quel honneur pour un Sujet d'accompagner ſon
» Roi , de lui ſervir de conſeil , & ſi je l'oſe dire , d'exemple dans une
» importante conquête ! honneur d'autant plus grand que la faveur n'y
» put avoir part ; qu'il ne fut fondé que ſur un mérite univerſellement
» connu ; & qu'il fut ſuivi de la priſe des Villes les plus conſidérables de
» la Flandre. »

Mais examinons de plus près votre combat. D'abord vous rangez vos Troupes en bataille, vous placez vos Lieutenans Généraux, vous ſonnez la charge. *La mort frappe à coups redoublés une foule innombrable, & tout d'un coup, ſans ſçavoir pourquoi, pour Cumberland le Dieu Mars ſe déclare.* Sur le champ vous faites marcher la Maiſon du Roi, les Carabiniers, la Gendarmerie & ſes Dragons, & *l'Anglois eſt abattu.* Encore faut-il en deviner la moitié dans les Notes. Je n'examine point combien ce recit eſt peu fidéle hiſtoriquement. Je me reſerve à en parler ailleurs. Je ne l'enviſage que Poëtiquement, & je me plains de n'y pas trouver le fil & la ſuite d'une grande action, qui doit intéreſſer par ſon appareil, effrayer par le danger & la difficulté, raſſurer & enfler le cœur par le plaiſir de la Victoire ; enfin ce que M. Maſcaron appelle ſi éloquemment *les dehors de la Guerre*, c'eſt-à-dire, *le ſon des inſtrumens, l'éclat des armes, l'ordre des Troupes, le ſilence des Soldats, l'ardeur de la mêlée, le commencement, le progrès & la conſommation de la Victoire.* Oraiſ. funeb. de Turenne.

Vous connoiſſez ſans doute le Poëme de M. Addiſſon, intitulé *La Campagne*. Je m'attendois, pour moi, que votre Poëme devoit avoir neceſſairement la même ſupériorité ſur le ſien, que les armes de la France à Fontenoy ont eu ſur celles d'Angleterre. Mais pourquoi faut-il qu'*Appollon* n'ait pas ſuivi l'exemple de *Mars* ? Et pourquoi ne peut-on pas dire de vous ce que Paterculé diſoit de Cicéron : » C'eſt à lui à qui nous
» avons l'obligation de n'être pas vaincus par l'eſprit & les talens de ceux que
» nos armes ont domté. *Is effecit ne quos armis viceramus, eorum ingenio vinceremur ?* Cet Ouvrage fameux qui mérita ſur le champ à ſon Auteur un Poſte de confiance, qui fut un des degrés par leſquels il s'éleva à la place de Secrétaire d'Etat, n'étoit pas l'ouvrage de *deux jours*, mais de pluſieurs mois.

Rappellez-vous quelle terreur il excite dans l'ame lorſqu'il *pointe ces batteries meurtrieres, & qu'il diſpoſe ces tubes d'airain, dans le ſein deſquels repoſent mille tonnerres ... les ſons aigus de la Trompette ſont noyés dans le bruit ſourd & confus des Tymbales ... Les deux Armées s'ébranlent ... C'eſt d'un pas ferme & majeſtueux & dans une pompe affreuſe que les longs Eſcadrons traverſent la Plaine... La mort terrible dans ſes approches excite une horreur inquiéte dans les cœurs des plus braves ; mais ces cœurs agités & inquiets, ſoupirent toujours après le combat, & la ſoif de la gloire étouffe l'amour de la vie... Ô ma Muſe !* s'écrie le Poëte, *quels accords pourras-tu trouver pour chanter le choc impétueux des deux Armées ? Je crois entendre les ſons tumultueux du Tambour. Les cris des Vainqueurs ſe mêlent aux gémiſſemens des mourans. Le fracas du Canon fend la voûte de l'air ; & tout le Tonnerre de la Bataille ſe réveille.* C'eſt au milieu de ces horreurs qu'il dépeint son Héros tranquille. Il lui fait *examiner la scene horrible de la Guerre, & contempler d'un œil Stoïque le Champ de la Mort. Il envoye aux Escadrons épuisés un secours propice ; il inspire aux Bataillons rebutés de ranimer leur audace, & apprend au Combat, encore douteux, où doivent tomber ses efforts. Ainsi lorsque le Ministre de la vengeance du Très-Haut, par un orage affreux ébranle une terre coupable, d'un front calme & serein il conduit l'ouragan terrible ; & glorieux d'exécuter l'ordre du Tout-Puissant, monté sur le tourbillon, il dirige la Tempête.*

C'est dans ma Prose languissante que je tâche de rendre les plus beaux Vers, qui peut-être ayent été faits depuis Homere & Virgile. C'est dommage que quelques traits trop durs & trop amers répandus dans ce bel Ouvrage, ne permettent pas de le faire connoître en France. Je ne connois personne plus en état que vous-même, de lui rendre Justice. Mais j'ai honte de vous citer plus long-tems pour modele un Auteur qui parle la même langue que nos Ennemis. Je vous rappelle donc à vos Juges naturels, & parmi eux j'en vais choisir un, que je vous défie de recuser. C'est vous-même.

Recuse si tu peux, & choisi si tu l'oses.

Comparons la Bataille de *Fontenoy* à la Bataille d'*Ivry*, au huitiéme Livre de la Henriade. Quelle difference dans les Portraits, les Comparaisons, les Descriptions, enfin dans tout ce qui constitüe la Poësie de l'une & de l'autre ? Je sçais bien que vous m'allez dire qu'il y a une grande difference entre un Poëme historique, tel que le vôtre, & un Poëme épique, où les

Essai sur la Poësie Epique. événemens & les situations sont libres : que *la proximité des tems, la notorieté publique, la solidité du sujet, ôtoient à votre génie toute liberté d'invention ; qu'il est vrai que Lucain n'osant s'écarter de l'Histoire, a rendu par-là son Poëme sec & aride, & qu'il a caché trop souvent cette sécheresse sous de l'enflure* ; mais que ces défauts sont plutôt ceux de l'Ouvrage que de l'Ouvrier. Mais qui vous empêchoit d'attendre que la Renommée vous eut instruit des particularités ? Je connois quelques événemens de cette illustre Action, qui, graces à votre précipitation, vont être ensevelis dans *l'oubli*, dont vous auriez pû les *arracher*, & qui cependant auroient pû figurer avec les situations les plus interessantes de la Henriade. Enfin au défaut du détail, qui vous empêchoit de louer les corps entiers omis ou négligés dans votre ouvrage ? C'étoit-là le vrai moyen d'éviter les mécontens. Pourquoi le Régiment de *Normandie*, par exemple, qui a eu tant de part à cette affaire, & dont le nom semble fait pour triompher des Anglois, est-il oublié tout-à-fait ? Pourquoi les *Carabiniers, cités avec éloges dans la Lettre du Roi*, ne se trouvent-ils chez vous que dans une Note ? Pourquoi *la Maison du Roi* est-elle louée si superficiellement, que l'on peut vous reprocher avec raison, qu'elle est bien mieux traitée par un Ennemi, c'est l'Auteur Anglois que je vous citois tout-à-l'heure ? Chez vous c'est *un Peuple de Heros, dont la foule s'avance* ; chez lui c'est *cette Troupe altiere, la terreur de l'Europe, & l'orgueil de la France, dont chaque Soldat renferme dans son sein tout l'art de la Guerre, & brule de l'ardeur de la Victoire qui enflamme un Général.*

Mais entrons dans le détail de la comparaison que je vous ai promise. Voici la Description du Combat de Fontenoy.

POEME de Fontenoy.

Le signal est donné par cent bouches d'airain,
D'un pas rapide & ferme, & d'un front *inhumain*
S'avance vers nos rangs la profonde Colomne,
Que la terreur devance, & la flamme environne,
Tel qu'un nuage épais, qui sur l'aile des vents,
Porte l'éclair, la foudre, & la mort dans ses flancs.
Les voilà ces Rivaux du grand nom de mon Maître,
Plus *farouches* que nous & moins vaillans peut-être,
Fiers de tant de Lauriers moissonnés autrefois;
BOURBONS, voici le tems de venger les VALOIS.
La mort de tous côtés, la mort insatiable
Frappe à coups redoublés une foule innombrables;
Chefs, Officiers, Soldats, l'un sûr l'autre entassés,
Sous le fer expirans, par le plomb renversés,
Poussent les derniers cris en demandant vengeance.

Peut-être avant l'action, Sans doute après.

J'avoue que je reconnois ici quelques traits de la main qui crayonna les vertus du *Grand Henry.* J'y retrouve le ton de la Poësie, pour ainsi dire, & le Méchanisme d'un homme accoutumé à faire de bons vers. Mais cet (a) *Esprit Divin,* selon l'expression d'Horace, cette flamme seconde qui échauffe & qui vivifie, je ne l'y trouve plus. Où si j'en apperçois encore quelques traces, ce n'est qu'une vaine lueur réfléchie du feu de la *Henriade,* qui a plus d'éclat que de chaleur & de vivacité. Transcrivons quelques endroits ressemblans de ce dernier Ouvrage.

Description d'une Marche.

Henriade 6.

Des nuages épais que formoit la poussiere,
Du Soleil dans les champs déroboient la lumiere;
Des Tambours, des Clairons, le son rempli d'horreur,
De la mort qui les suit étoit l'avant-coureur:
Tels des Antres du Nord échappés sur la terre
Précédés par les vents, & suivis du tonnere,
D'un tourbillon de poudre obscurcissans les airs,
Les orages fougueux parcourent l'Univers.

(a) *Ingenium cui sit, cui mens divinior, atque os Magna sonaturum, des nominis hujus honorem.* Hor. Sat. 4. Lib. 1.

(8)

Choc de deux Armées.

Henriade 8.

Sur les pas des deux Chefs alors en même-tems,
On voit des deux Partis voler les Combattans.
Ainsi lorsque des Monts feparés par Alcide
Les Aquilons fougueux fondent d'un vol rapide ;
Soudain les flots émus de deux profondes mers,
D'un choc impétueux s'élancent dans les airs,
La terre au loin gémit, le jour fuit, le Ciel gronde,
Et l'Affricain tremblant craint la chûte du Monde.

Defcription de la Mêlée.

Henriade 8.

On fe mêle, on combat ; l'adreffe, le courage,
Le tumulte, les cris, la peur, l'aveugle rage,
Le defefpoir, la mort, l'ardente foif du fang,
Par-tout, fans s'arrêter, paffent de rang en rang.

La Nature en fremit, & ce rivage affreux
S'abreuvoit à regret de leur fang malheureux.

Autre.

Henriade 6.

Alors on n'entend plus ces foudres de la Guerre
Dont les bouches de bronze épouvantoient la terre,
Un farouche filence, enfant de la fureur,
A ces bruyans éclats fuccede avec horreur.
D'un bras déterminé, d'un œil brulant de rage,
Parmi fes Ennemis chacun s'ouvre un paffage.

Les Affiegeans furpris font par-tout renverfés,
Cent fois victorieux, & cent fois terraffés.
Pareils à l'Ocean pouffé par les orages,
Qui couvre à chaque inftant, & qui fuit fes Rivages.

J'avertis ici, que pour que la comparaifon fut exacte de tous côtés, il faudroit lire de fuite dans la Defcription de la Bataille d'Ivry, ces morceaux épars que je raffemble, fi l'on veut y trouver ce fil & ce progrès d'une l'Action intereffante que je n'apperçois point dans celle de Fontenoy. En fecond lieu, ce qui eft impoffible ; il faudroit apporter à la lecture d'un événement arrivé il y a plus de cent cinquante ans, les mêmes difpofitions que l'on doit avoir naturellement pour un événement qui nous touche & dont nous faifons partie. N'ai-je donc pas lieu de me plaindre, fi malgré tous ces defavantages, des lambeaux découfus, font non-feulement plus brillans, mais portent encore les marques des ornemens que l'on leur a dérobé, pour déguifer fa pauvreté ? Et ne difons pas que les mêmes fituations

auront

auront amené le même tour, & fait naître les mêmes idées. On avoit fait bien des descriptions de Batailles avant que vous fissiez celle de *Narva*, dans l'histoire de Charles XII. & sans doute que quand vous serez arrivé à cet endroit de la Vie de notre Grand Monarque, vous retrouverez encore de nouvelles couleurs pour celle de *Fontenoy*.

Mais poursuivons. La chose deviendra encore plus sensible dans la suite. La description d'une bayonnette n'est point une matiere plus Poëtique que celle d'un Combat de Dragons. Quelle différence cependant dans l'exécution de l'une & de l'autre! Voici la premiere.

> Au mousquet réuni le sanglant coutelas,
> Déja de tous côtés porte un double trépas.
> Cette Arme que jadis pour dépeupler la terre
> Dans Bayonne inventa le Démon de la guerre.
> Rassemble en même-tems, digne fruit de l'Enfer,
> Ce qu'ont de plus terrible & la flamme & le fer.

Henriade 8.

L'usage, l'origine, le nom même, tout est peint, tout est annobli. Voici la seconde.

> Chevreuse à cette attaque *horrible & meurtriere*,
> Fait voler cette Troupe *& si prompte & si fiere*,
> Qui tantôt de *pied ferme* & tantôt *en courant*
> Donne de deux Combats le spectacle effrayant.

POEME *de Fontenoy.*

La comparaison des Chasseurs Numides, vaut-elle celle des chiens de Chasse qui poursuivent un sanglier? Voici les Chasseurs.

> C'est ainsi que l'on voit dans les Champs des Numides
> Différemment armés des Chasseurs intrepides;
> Les Coursiers écumans franchissent les guerets;
> *On* gravit sur les monts, *on* borde les forêts,
> L'un *attend*, l'autre vole, & *de sang sont trempées*
> *Les fleches*, les épieux, les lances, les épées,
> Et les *Lions* sanglans percés *de coups divers*,
> D'affreux rugissemens font retentir les airs.

POEME *de Fontenoy.*

Voici la comparaison des chiens. Comparaison d'autant plus ingenieuse que vous ne pouviez pas seulement nommer ces animaux qui en font le sujet. Mais que vous les avez heureusement exprimé!

> Tels au fond des forêts précipitant leurs pas,
> Ces animaux hardis, nourris pour les combats,
> Fiers esclaves de l'homme, & nés pour le carnage,
> Pressent un Sanglier, en raniment la rage,
> Ignorans le danger, aveuglés, furieux,
> Le cor excite au loin leur instinct belliqueux;
> Les antres, les rochers, les monts en retentissent.

Henriade 6.

(10)

Oppofons maintenant le portrait que vous faites des Courtifans à celui que vous en aviez déja fait dans la Henriade. Voici celui de la Henriade.

Henriade. 3.

Des Courtifans François tel eft le caractere,
La paix n'amolit point leur valeur ordinaire ;
De l'ombre du repos ils volent aux hazards ;
Vils flatteurs de la Cour, Héros au champ de Mars.

Voici celui de la Bataille de Fontenoy.

POEME de Fontenoy.

Comment ces Courtifans, *doux, enjoués, aimables,*
Sont-ils dans les combats des Lions indomptables ?
Quel mélange *étonnant* de graces, de valeur !

Décidez vous même, Monfieur, entre ces enfans de votre imagination, & jugez fi les cadets font dignes de leurs aînés. Je n'ai garde de dire de vous après vous avoir comparé à vous-même ce que vous dites de Pradon *Préface de Ma-* après l'avoir comparé à Racine ; mais je vous avoue que je n'aime pas *riamne.* voir un grand genie fe replier ainfi fur lui-même, fur-tout lorfque les feconds efforts ne font point au-deffus des premiers. Ne vous fiez pas trop, Monfieur, fur votre réputation. Une grande réputation eft un gros patrimoine, que des dépenfes inconfidérées peuvent diffiper. Il eft permis tout au plus de dépenfer fon revenu, mais jamais d'en rifquer le fonds. Eft-ce vous ménager vous-même ou refpecter le Public que de le rendre le témoin & le confident de vos (a) corrections ? Ce n'eft pas la premiere fois, je le fçais, que par d'heureufes métamorphofes, la pierre brutte eft *Waller au Comté* devenue entre vos mains un diamant précieux. Mais j'en croirai Waller *de Rofcommon.* après Horace, & je dirai avec tous les deux que *les plus grands Auteurs perdroient beaucoup de l'eftime que nous avons conçu pour eux fi nous pouvions appercevoir ce que dérobent à nos yeux leurs prudentes ratures.*

Après vous avoir vengé de l'injure Poëtique que vous vous faites à vous-même ; je vais préfentement vous attaquer fur celle que vous faites aux autres.

Dites-vous,

L'Anglois eft abattu,

Et la férocité le cede à la vertu.

C'eft remplir, ce me femble, affez exactement les fonctions de la Chevalerie errante que de vouloir ainfi vous attaquer & vous défendre tour à tour *envers & contre tous*. Mais ceci s'adreffe à l'Hiftoriographe de France.

De tous les préjugés les plus injuftes & même les plus honteux font ceux qui tombent fur des nations entieres. Eft-il croyable que le délicat Bou-

---

(a) En huit jours on a fait cinq Editions différentes, toutes changées, augmentées, abregées & retranchées, du Poëme & des notes inftructives fur la Bataille de Fontenoy. Les Commentateurs futurs des Ouvrages de M. de Voltaire feront bien embarraffés un jour à concilier enfemble toutes fes variantes.

nours ait demandé férieusement s'il étoit possible qu'un Allemant eût *Entret. Ar st. &*
de l'esprit, & s'il ne l'a pas fait férieusement, ou est le mot pour rire ? *Eugene.*
J'ai été pénétré de douleur quand j'ai lû pour la premiere fois dans les mé- *Voyez Mémoi-*
moires de M. *du Gué* que ce grand homme avoit naturellement de l'aver- *res de Dugua-*
sion pour un Anglois Je ne me suis réconcilié avec lui que lorsqu'il *trouin.*
avoue que c'étoit une foiblesse dont il n'étoit pas le maître. Après la bra-
voure, dit M. de Tourreil, il n'y a rien de plus brave que l'aveu de la
poltronnerie.

    La rivalité des deux peuples est aussi ancienne que les deux Monarchies.
Différentes causes & différens intérêts ont servi à la nourrir & à la fo-
menter de siecle en siecle. Mais je ne vois pas ce qui a pû donner occasion
au reproche de *férocité* qu'on fait aux Anglois, reproche même qui est
plus nouveau qu'on ne pense, à moins qu'on ne s'imagine que la *fureur*
& la *férocité* des anciens Normans est passé chez eux avec Guillaume le
Conquerant. Aussi-bien une fameuse Satyre Angloise (*a*) leur reproche de
n'être tous aujourd'hui que des François, c'est-à-dire, des Normans.

    Les Anglois se battent bien, ils ensanglantent souvent le Théâtre, ils
mangent la viande moins cuite qu'en France, donc les Anglois sont sanguinaires; donc ils sont *naturellement féroces*, comme dit M. Flechier; donc
ils sont *farouches & inhumains*, comme le prétend M. de Voltaire. Je par-
donnerois à un Historien prévenu ou mal instruit, à un Ecrivain de parti, de mettre sur le conte de la férocité des Anglois la valeur qu'ils ont
toujours montré depuis l'intrépide résistance qu'ils ont fait autrefois à tous
les efforts de *Jules-César*, jusqu'à leur défaite à Fontenoy par LOUIS XV.
Je consens qu'un Géographe oisif qui s'est mis en tête de caractériser tous
les Peuples de l'Univers, & qui dans trois lignes prétend avoir tracé les
mœurs de toutes les Bourgades de la France & de toutes les Provinces de
la Chine; je consens, dis-je, qu'un pareil Ecrivain en faisant sa ronde
distribue aux Anglois cinq ou six Epithetes hazardées qu'il appliquera
peut-être avec autant de raison deux pages après aux Peuples de la La-
ponie & du Japon. Mais lorsque M. Flechier devant l'auditoire le plus *Oraif. Funeb.*
poli & le plus respectable de l'Univers, trouve le moyen de relever la mo- *de M. de Turen-*
dération & l'humanité de M. de Turenne, parce qu'*à la Bataille des Du-* *ne.*
nes on le vit arracher les armes des mains des Soldats étrangers, qu'une férocité
naturelle acharnoit sur les vaincus; lorsque M. de Voltaire, le partisan dé-
claré des Anglois, est le premier à les taxer d'être *farouches, féroces, &*
inhumains, ces paroles dans leurs bouches ont trop l'air d'une opinion re-
çûe & établie pour ne pas mériter qu'on en recherche l'origine. Et quel
mal y auroit-il si l'on venoit à découvrir qu'elle est mal fondée ? Ne seroit-ce pas autant de gagné pour la vérité & pour la nature ? Commen-
çons d'abord par M. Flechier & par le récit historique de cette fameuse
Bataille des Dunes. Il servira peut-être à jetter du jour sur cette matiere.

    (*a*) *But that the Svvord Should be so Civil*
    To make a Frenchman English-that's the Devil.
    True-born Englishman.

Selon le Traité fait entre le Roi & Cromwel, les François devoient conquerir cette place alors entre les mains des Espagnols pour la remettre aux Anglois. Milord Lockart à la tête de six mille hommes de sa nation se joignit aux Troupes du Vicomte de Turenne, tandis qu'une flotte Angloise de vingt vaisseaux fermoient l'entrée du Port, & battoit la Ville du côté de la Mer. Le secours commandé par Dom Jean d'Autriche & le Prince de Condé ne fut pas long-tems à paroître. Les Assiégeans sortirent de leurs lignes & alerent rencontrer les Espagnols auprès *des Dunes*. Le principal effort tomba sur les Anglois. Ils le soutinrent avec une valeur ou plûtôt une *fureur* & une *férocité* incroyable. Ce qui les animoit étoit la vûe des Ducs d'York & de Gloceftre fils de l'infortuné Charle premier, qui commandoient dans l'Armée Espagnole un corps de leurs fideles Sujets, & venoient venger sur ces rebelles le meurtre de leur pere. Leurs efforts furent inutiles aussi-bien que ceux de Dom Jean & du Prince de Condé. Dom Jean avoit mis pied à terre & la pique à la main, il se mêloit parmi les Bataillons Ennemis ; & pour le Prince de Condé, lors même qu'il fallut se retirer il ne le fit que le dernier, & couvert de sang & de poussiere, il faisoit face de tous côtés & arrêtoit dans sa retraite ces vainqueurs furieux.

La Ville cependant ne se rendit point pour cela, elle ne fut prise que quelques jours après : le brave Marquis de Leyde qui en étoit Gouverneur ayant été tué à une vigoureuse sortie qu'il fit à la tête de presque toute sa garnison. Le Roi, qui avoit été témoin de la Bataille & du Siége prit possession de la Ville & la remit entre les mains de Lockart pour Cromwel. Telle fut l'issue du fameux Siége de Dunquerque & de la Bataille des Dunes, l'une des plus mémorables dont l'histoire fasse mention par les actions de valeur qui s'y firent, par la qualité de personnes qui y assisterent, & par sa singularité de l'entreprise. Un Roi de France qui fait la Conquête d'une de ses plus fortes places & d'un des plus beaux Ports de son Royaume par sa situation pour les remettre entre les mains des Anglois & d'un vil usurpateur : l'héritier présomptif de la Couronne d'Angleterre qui risque sa vie mille fois pour l'empêcher d'en venir à bout. Des Sujets traîtres & rebelles combattant contre le sang de leur Roi : un Prince du Sang de France attaquant & défiant le sien. Dom Jean d'Autriche forçant & abattant tout devant lui avec la vigueur & la vivacité Françoise : M. de Turenne avec tout le flegme & la sagesse Espagnol disposant tout le sang froid dans la chaleur même de l'action : enfin un grand Roi accompagné de son Frere & de son principal Ministre témoin de cette grande action & animant également ses Sujets & ses Ennemis par sa présence.

Je me suis arrêté à dessein sur le détail de cet évenement, parce que j'ai crû y remarquer quelques traits ressemblans à celui du 11. de Mai. Il est aisé en conclure que ce qui a donné lieu au reproche de *férocité* étoit les spectacles affreux que les Anglois venoient de donner à tout l'Univers. Trois Royaume pendant soixante ans teints du sang de leurs propres Habitans, un Roi & une Reine conduits sur un échaffaut, étoient des choses qui faisoient frissonner la nature & qui devoient attirer à bon droit aux coupables auteurs de ces crimes des noms encore plus forts que ceux de feroces & de barbares. Mais ce reproche après tout n'auroit-il pas dû tomber plûtôt sur les tems, que sur la nation en général. En bonne foi, les François d'alors étoient-ils bien sages? Ne pourroit-on point dire qu'un esprit de vertige s'étoit emparé de tous les Peuples de l'Europe? Ou plûtôt ne faudroit-il pas dire, que *Dieu avoit permis aux vents & à la mer de gronder & de s'émouvoir & que la tempête s'étoit élevée?* La nou- *Flechier Oraif. Fun. Tellier.* velle de la mort de Charles premier arriva à Paris le jour même des barricades, & ne servit pas peu à rallentir la *fureur* & la *férocité* du Peuple.

Mais pourquoi les Anglois, dira-t-on, ont-ils toujours aimé & aiment-ils encore le sang & les choses atroces sur la scene? Ecoutons là-dessus l'opinion d'un Etranger désintéressé, opinion adoptée par le nouveau Traducteur de leur théâtre » les Anglois, dit *M. Ricoboni*, sont doux, humains, polis même; mais communément pensifs à *Réflex. sur différens Theat. de l'Europe.*
» l'excès, le fond de leur caractere est de se plonger dans la (a) rêverie.
» Si l'on donnoit sur leur Théâtre des Tragédies dans le gout des meil-
» leures & des plus exactes, c'est-à-dire, de celles qui sont dénuées de ces
» horreurs qui souillent la scene par le sang, les spectateurs s'endormi-
» roient peut-être. L'expérience que les premiers Poëtes dramatiques
» auront faites de cette vérité les aura obligé à établir ce genre de Tra-
» gédie pour les faire sortir de leurs rêveries par des grands coups qui
» les reveillent.

On peut rendre la même raison de quelques autres usages assez communs à Londres, comme les combats des coqs, des Gladiateurs, &c. Voici ce qu'en dit *M. l'Abbé du Los* dans son excellent Livre des *Réflexions Critiques sur la Poësie & sur la Peinture.* Son témoignage est d'autant plus respectable qu'il joignoit à un goût exquis, une expérience acquise dans presque toutes les Cours de l'Europe, & un fond de raison & de droiture qui ont mérité qu'une grande Princesse le chargeat de soutenir ses interets au fameux Congrès d'Utrecht.

» Nous avons, dit-il, dans notre voisinage un Peuple tellement ava- *Réflex. critiques sur la Poësie & la*
» re des souffrances des hommes qu'il respecte encore l'humanité dans les *Peinture, Tom.*
» plus grands scélérats. Il a mieux aimé que les criminels échapassent *I. Sect. 2.*
» souvent aux châtimens que l'interet de la societé civile demande qu'on
» leur fasse subir, que de permettre qu'un innocent pût être jamais ex-
» posé à ces tourmens dont les Juges se servent dans les autres Pays Chré-
» tiens pour arracher aux accusés l'aveu de leurs crimes. Tous les suppli-
» ces dont il permet l'usage, sont de ceux qui sont condamnés sans
» leur faire souffrir d'autre peine que la mort. Néanmoins, ce Peuple si
» respectueux envers l'humanité, se plaît infiniment à voir les bêtes s'en-
» tre-déchirer. Il a même rendu capable de se tuer ceux des animaux à
» qui la nature a refusé des armes qui pussent faire des blessures mortelles
» à leurs semblables; il leur fournit avec industrie des armes artificielles
» qui blessent facilement à mort. Le Peuple dont je parle contemple en-
» core avec tant de plaisir des hommes payés pour cela, se battre jus-

(a) Les Anglois pensent profondément, *dit la Fontaine,*
 Même les chiens de leur séjour
 Ont meilleur nés que n'ont les nôtres.

» qu'à se faire des blessures dangereuses, qu'on peut croire qu'il auroit
» de véritables Gladiateurs à la Romaine, si la Bible défendoit un peu
» moins positivement de verser le sang des hommes hors le cas d'une ab-
» solue nécessité.

Ce sont les loix d'un Pays qui font foi de son caractere, il n'y en a point où la vie des hommes soit plus ménagée qu'en Angleterre. Mais le suicide n'y est-il pas commun ? A cela je réponds que quand il seroit aussi commun qu'on l'imagine d'ordinaire cela ne concluroit rien. Ceux qui sont les plus prodigues de leur propre vie, ne le sont pas pour cela de celle des autres. Les Romains qui se tuoient si volontiers avoient des loix on ne peut pas moins sanguinaires. Ciceron fut taxé pour avoir fait *mourir* les conjurés de Catilina. Enfin, il n'y a pas jusqu'aux voleurs Anglois qui ne soient plus honnêtes & plus courtois, pour ainsi dire, que par-tout ailleurs ; car en prenant la bourse, ils n'attentent jamais à la vie.

Qui a donc pû engager M. de Voltaire, témoin de tous ces usages, connoissant les Anglois & l'Angleterre, où il a été si feté, à venir aujourd'hui les traiter de *féroces*, de *farouches*, & d'*inhumains* ? Que les tems sont changés ! Où est le tems, Monsieur, que sur la mort d'une Comédienne le vous attaquiez le sacré & le profane pour les louer ? Que vous plaignant

Sur la mort de Mademoiselle Couvreur.

Que le foible François s'endormoit sous l'empire
de la superstition.

Vous demandiez,

Quoi ! N'est-ce donc qu'en Angleterre,
Que les mortels osent penser ?
Exemple de l'Europe, ô Londre ! *heureuse terre*,
Ainsi que vos *Tyrans* vous avez sçu chasser
Les *préjugés honteux* qui nous livrent la guerre.

Vous trouviez que

Quiconque a des talens, à Londre est un grand homme,
Le genie étonnant de la Grece & de Rome,
Enfant de l'abondance & de la liberté,
Semble après deux mille ans chez eux ressuscité.

Et vous adressant à Mademoiselle Sallé qui étoit alors en Angleterre, vous lui disiez,

Dans tes nouveaux succès reçois avec mes vœux,
Les applaudissemens d'un *Peuple respectable*
De ce Peuple puissant, fier, libre, *genereux*,
Aux malheureux propice, aux Beaux Arts favorable :
Du Laurier d'Apollon dans nos stériles Champs,
La feuille negligée est désormais flétrie.
Dieux ! pourquoi mon Pays n'est-il plus la Patrie
Et de la Gloire & des Talens ?

Pour tout Commentaire à cette belle tirade, je vous renvoye à la Fable de la Chauve-Souris (*a*) de la Fontaine ; pourvu cependant qu'elle ne soit pas une de celles que vous avés *déchiré* avec *le gros Recueil*.

Dans le glorieux emploi dont je me suis chargé, *de redresser les torts des Nations affligées*, je me trouve naturellement dans un grand embaras, parce qu'en épousant leurs interêts, je dois prendre aussi leur caractere, & jouer, pour ainsi dire, leur personnage, & que dans ce cas, la raison qui voudroit que vous ayés tort, ne me permettroit pas tout-à-fait d'avoir raison. Tel est l'endroit où, quand *l'Anglois est abattu*, vous faites venir,

Clare, avec l'Irlandois, qu'animent nos exemples.

Voyons quel biais nous pourrons donner à la chose, pour vous faire concevoir ce que je veux dire.

A la fameuse Journée de Crémone, où cette Ville fut, pour ainsi dire, arrachée des mains du Prince Eugène, qui s'en étoit rendu maître la nuit par surprise, deux Régimens Irlandois se distinguérent beaucoup. M. de Mahoni, Capitaine dans un de ses Régimens, fut depêché par Monsieur de Revel pour porter au Roy la nouvelle de cette Glorieuse Affaire ; il s'acquitta de sa Commission en homme d'esprit, & n'omit rien de tout le détail, excepté les louanges qui pouvoient naturellement tomber sur sa petite Troupe. *Monsieur*, lui dit Louis XIV., avec cet air de grandeur & de bonté qu'il sçavoit si bien mêler ensemble, *vous ne me dites rien de mes Irlandois, vos braves Compatriotes ? SIRE*, répondit M. de Mahoni, *ils ont suivis l'exemple des Sujets de Votre Majesté*. Il appartenoit à la modestie de M. de Mahoni, de répondre ainsi ; & il appartenoit aussi à la grandeur d'ame du plus Grand des Monarques de lui faire cette question obligeante, & de lui donner des marques de la satisfaction qu'il avoit de ses services, aussi-bien qu'à tous les Officiers qui s'étoient distingués, & dont quelques-uns vivent encore aujourd'hui.

Je crois qu'à présent vous devinez à peu près, ce que je ne voulois pas vous expliquer tout à l'heure. Eh bien, Monsieur, je suis devenu plus hardi ; & j'ose maintenant vous dire, sans crainte d'en être démenti, que pour servir le Roi, & pour mourir sous ses yeux, les Irlandois n'ont besoin de l'exemple de personne, & qu'ils ne le céderont pas même aux Sujets naturels de Sa Majesté.

Une chose que personne n'a pû comprendre dans votre Poëme, c'est la raison pourquoi vous faites venger par les Suisses la mort de M. le Chevalier *Dillon*. Est-ce que vous seriez assez peu au fait de l'Histoire du Pays, pour ignorer qu'il étoit Irlandois ? ou, ce qui paroît plus vrai-semblable,

---

(*a*) Moi Souris ! Des méchans vous ont dit ces nouvelles.
Je suis Oiseau, voyez mes aîles ;
Vive la gent qui fend les airs.
. . . .
Qui fait l'Oiseau ? C'est le plumage.
Je suis Souris. Vivent les Rats.
Jupiter confonde les Chats. *Voyez Fables de la Fontaine.*

feroit-ce qu'inftruit des Exploits du Pere, vous auriez été tellement jaloux de la gloire du Fils, que ne vous fiant pas affez de fa vengeance, à fes Compatriotes, vous en auriez chargé les Suiffes ? Eh, pourquoi envier à fon Régiment, & même à près de quatre-vingt Officiers, & quatre cent Soldats de la Brigade, la gloire d'être morts pour le Roi, & pour lui ?

Je rends juftice de tout mon cœur à la fageffe, la probité & la valeur des Suiffes ; & je fuis perfuadé que ce Peuple généreux rend la pareille à des Etrangers qui fervent comme eux fous les Drapeaux de la France. Mais permettez-moi, M. de vous faire remarquer qu'il n'étoit pas poli, après avoir animé les Irlandois de l'exemple des François, de faire remarquer tout de fuite que les *heureux Helvetiens*, étoient *nos antiques amis, & nos Concitoyens*. Selon toutes les regles de la Grammaire & de la Logique ; cette Phrafe eft exclufive pour la précedente.

Apparemment que vous avez cherché à réparer par-là l'opprobre que vous avez jetté fur cette Nation refpectable, lorfque vous les appellés dans la Henriade des

Henriade 10.
   Barbares, dont la Guerre eft l'unique Métier,
   Et qui vendent leur fang à qui veut le payer.

Il eft inutile de diftinguer dans une Notte les Suiffes d'aujourd'hui, des Suiffes du tems de la Ligue ; car, puifque les Suiffes d'aujourd'hui, comme ceux de ce tems-là, fervent dans les differens Royaumes de l'Europe, vous laiffez dire d'eux, que *la Guerre eft leur unique Métier, & qu'ils vendent leur fang à qui veut le payer*. Une infulte qui a befoin d'une Note pour la réparer, eft une bleffure qui demande un emplâtre. Je fuis charmé, *en faifant ma ronde*, d'avoir occafion de *rendre juftice* à un Peuple que j'honore & qu'on attaque injuftement.

Mais qui vous a chargé, Monfieur, d'exclure les Irlandois d'être *nos antiques Amis, & nos Concitoyens* ? Si l'attachement & les fervices peuvent mériter ce titre ; les Irlandois peuvent le difputer aux Suiffes. La difpute fera glorieufe pour les deux Nations, & tout l'honneur en retombera fur la France. Ils fe conforleront en attendant avec ce Philofophe de l'Antiquité, qui répondit à ceux qui lui demandoient pourquoi on ne lui avoit point dreffé de Statue dans la Place publique ; *qu'il étoit plus glorieux pour lui qu'on demanda pourquoi il n'en avoit point, que fi, en ayant une, on venoit à demander pourquoi il l'avoit*. Ignoreriez-vous, Monfieur, de quelle façon les Irlandois fe font établis en France ? Ne fçavez-vous pas qu'un des articles de la Capitulation de Limerik ; la plus belle, felon le P. d'Orleans, qu'on vit jamais, un des articles, dis-je, de cette Capitulation, fut que toutes les Troupes qui tenoient encore pour le Roi d'Angleterre, pafferoient en France avec tous leurs effets ; & qu'en confequence, l'Efcadre de M. de Château-Renauc, y tranfporta feize mille hommes de Trouppe, & un grand nombre de famille ? La glorieufe adoption que la France fit alors de ces Exilés volontaires, ne leur donne-t'elle pas droit à fe regarder, non-feulement comme *Amis* & comme *Concitoyens*, mais encore comme

Enfans

Enfans de la Nation ? Alors, dit l'Auteur des Lettres Perſannes, *on vit une Nation entiere quitter ſon Pays, ſans avoir d'autre reſſource qu'un talent formidable pour la diſpute.* Je n'ai garde d'enlever aux dignes Suppôts *des Prolegomenes de la Logique*, cette ardeur pour les Combats de l'Ecole, & cette force de poumons qu'ils ont fait briller plus d'une fois avec avantage, dans plus d'une Univerſité; mais j'oſerois preſque aſſurer que les ſeize mille hommes qui s'embarquerent avec M. de Château-Renaud, & qu'on pourroit légitimement appeller *la Nation*, ne ſçavoient guere s'eſcrimer de la langue.

Ce fut donc en 1691, que les Irlandois ceſſerent d'avoir une Patrie. Depuis ce tems, répandus dans tous les Royaumes de l'Europe; à la richeſſe près, ils reſſemblent aſſez aux Juifs. Diſperſés de tous côtés, ne faiſant cependant qu'une grande famille, quand ils ſe retrouvent, ils ſe rappellent encore le ſouvenir de Sion, & ſoupirent après les rives du Jourdain.

<blockquote>
Tels ſur les murs fumans d'Ilion mis en cendre
Les Peuples conſternés des rives du Scamandre,
Les yeux moüillés de pleurs ſe demandoient entre eux :
Où donc eſt cette Ville, en beautés ſi féconde,
La Reine des Cités, la Maîtreſſe du Monde,
Le Berceau des Heros, & l'Azile des Dieux ?
Par des chants immortels, au gré de mon envie,
Que ne puis-je exalter, ce Peuple malheureux,
Né pour aimer ſes Rois, & pour mourir pour eux :
Dans le Champ de l'honneur fier d'expoſer ſa vie,
Conquerant au-dehors, Eſclave en ſa Patrie,
(a) Favori des neuf Sœurs, doux, généreux, vaillant,
En tous lieux exilé, mais par-tout triomphant.
Oui, ſi les meilleurs vers devoient leur origine,
Au feu que d'un beau zele allument les flambeaux,
Je deſirois les Dieux de la double Colline,
Et jamais Apollon n'en feroit de ſi beaux.
</blockquote>

Mais n'admirez-vous pas la confiance avec laquelle je vous préſente mes vers, après avoir oſé attaquer les vôtres ? C'eſt qu'il eſt d'une très petite conſequence que j'en faſſe de mauvais ou de bons; au-lieu, qu'il ne vous eſt pas permis, d'en faire d'autres que d'excellens : & que c'eſt un crime de Léze-Majeſté Poëtique d'abuſer de ſon crédit & de ſa réputation, pour faire paſſer la fauſſe monnoye au lieu de la bonne.

(a) Le Comte de Roſcommon, Congreve, Swift, &c. pour la Littérature, Boyle, pour la Phyſique, Uſſerius, pour la ſcience univerſelle, & mille autres.

Ah ! si j'avois hérité de quelques étincelles de ce feu sacré qui vous échaufoit quand vous immortalisiez le Grand Henry, vous me verriez m'écrier dans un enthousiasme plus que Poëtique,

> Pour chanter d'un Grand Roi les Exploits inouïs,
> Muses, réveillés-vous au seul nom de LOUIS;
> Ne vantez point en lui, l'éclat de sa Couronne,
> C'est l'effet du hasard : pour être sur le Trône
> Du reste des Mortels on est peu distingué.
> LOUIS, fuit un éloge à d'autres prodigué.
> Mais, dites que vaillant, généreux, doux, affable,
> Roi sans faste & sans pompe, humain, tendre, équitable,
> Capitaine, Soldat, & Monarque à la fois,
> C'est le Pere du Peuple, & l'exemple des Rois.

Le Roi est arrivé à son Armée la veille de la Bataille qu'il a gagné.

> Jeune HÉROS, cours, vole, au sein de la Victoire,
> Và, combattre & punir le belliqueux Germain.
> Arrive, environné de l'éclat de ta gloire,
> Pour confondre l'*Autriche*, & fixer son destin.
> Laisse parler ton nom, & fait taire ta foudre.
> Montre lui seulement pour la réduire en poudre,
> Le Vainqueur de Fribourg, d'Ypres & de Menin.

La Devise du Roi est le Soleil.

> Des astres revoltés ainsi la Troupe altiere
> Voulut du Dieu du Jour éclipser la Lumiere,
> Pour dissiper leur Ligne, il n'eut qu'à se montrer,
> Il parut : dans la nuit on les vit tous rentrer.

J'ai l'honneur d'être, &c.

www.ingramcontent.com/pod-product-compliance
Lightning Source LLC
Chambersburg PA
CBHW071436060426
42450CB00009BA/2203